Eier —

viele:

Heute herrscht
ein anderer Ton,
~~Die Revolution~~
~~ist hat morgen~~.

morgen
ist Revolution

26.1.88

Peter-T. Schulz

Erleben ist alles.

neue Skizzen
und olle Gebote
aus Hansens Haus

DuMont

(Z.6)

Zahlen-Gedicht

„ver 1 en ist nicht
ent 2 en!“,
ver 3 t nochmal! –
Eher könnte man
das 4 teilen
ver 5 fachen
oder ein 6 – Tape-Rennen
ver 7 ! –
Jedenfalls ver 8 e
ich diesen 9 mal klugen
10 tauern,
der so unberechenbar Ford fährt! –
was sagst du, 11 i ?

(SL)

– 0 –

mir Georg zählt:
Schorsch – 2 – 3 – 4 ,
1 – 2 – 3 4 ...

So?
oder so?
ich ruf dich an!

Abschriften – als Skizzen getarnt!

Olle Hansen-Gebote für ein eigenes Leben – von der Straße aufgelesen und für Freunde zu Papier gemacht:

1.) Du sollst keinen Freund langweilen!

2.) Du sollst keine ~~Frau~~ Frau umbeherrschen!

3.) Du sollst keinen Weisen anschwärzen!

4.) Du sollst kein Zebra streifen!

5.) Du sollst keine Räuberleiter stehlen!

6.) Du sollst kein Sandkorn abrunden!

7.) Du sollst immer grün sein!

zu bunt?

Alles
zu spät
so früh!
was

einig.
gelassen.
weit.

Zucker Pfeffer Salz

fest.
mutig.
wahr.

endlich Birkenwald malen!

Du bist dein größter Feind!
Dreh dich um!

Dienstag:

Hans kommt rein,
sieht die anderen und
will der  sein.

Ruhig und ernst guckt
er sich um. Er setzt sich
hin und: — da sitzt
schon ein !

„Geh ich auf ", denkt er sich
und drückt sich lächelnd
über den Tisch. — Aber die
anderen lachen gerade schon
über einen anderen! —
Zum Glück hatte er noch
Hand und Fuß!
„Ich leer mal schnell die
Aschenbecher aus!" sagte er
nach links + rechts, und:
„Will noch jemand was
zu trinken?"

Ab 3 bist du eine Gruppe.

Wo ist dein Platz?

Schuft

Hat man die Wahl,
ein „Schu" zu sein
oder ein „ft!" und
all-gemein?

Ich weiß nicht recht,
was gut ist und was schlecht
und was sich lohnt
im großen Sinne
und im echt. –

Ich denke mir,
man muß probieren.

Dabei kann man
als guter „Schu"
kaum mehr
als „ft!" verlieren!

[illegible]

Du sich gegenüber

Wir müssen unsere ganze Liebe
zusammen nehmen.
sonst ist die Kacke am
dampfen.

Wenn er ehrlich war, sah er,
daß er genau da angekommen war,
wo er hinwollte, –
Daß ihn das jetzt ankotzte,
kam vielleicht daher,
daß er nicht erwartet würde.

Der Mensch ist nichts
gegen was er tut.

Die Menschen sind stärker
als der !

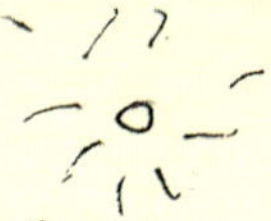

~~[illegible]~~

Gegner heben sich auf.
Gegner heben sich auf.
Gegner heben sich auf.

Die große Erbschaft

Ein Wörtchen,
ein Küßchen,
ein Tänzchen,

ein ~~[illegible]~~ Brötchen,
ein Brüstchen,
ein Schwänzchen,

die packen ~~wir alle~~
wir alle ~~ins Ränzchen~~
ins Ränzchen
~~von Gretel~~ und schenken das
~~von [illegible]~~ Gretel...
und Hänschen!

(Ach, und kein Schwämmchen?)

Was fehlt dir? Weg damit!

Sie
Sie dreht Zigaretten.
Sie malt Bilder.
Sie hat was.
Zu lachen.
Sie ist
ganz.
Und einfach.
Geblieben.

Widmung für eine
nie ausgelesene
Sonderausgabe:

„Du bist uns nicht
egal,
Du lebst, wie wir
nur hoffen.
Du stehst für
was wir woll'n:
Du bist gebunden
offen!"

„Die Welt ist
schön!"
(„Geld..?!")

Sz

noch 7 olle Hansen-Gebote
für ein eigenes Streben

8.) Du sollst dich jeden Tag bekrabbeln!

9.) Du sollst unterwegs zuhause sein!

10.) Du sollst dich lustig machen!

11.) Du sollst deine Geschichte verdrehen!

12.) Du sollst natürlich ein Künstler sein!

13.) Du sollst mit der Nase gucken!

14.) Du sollst besser sein als schneller!

~~15.~~ ~~Du~~. oder doch lieber hübsch?

Im Grunde
meines Herzens
bin ich
ganz anders.

Und warum
bleibst du
nicht da?

Koch 28. 11.
Abschrift

(11)

Ob ssön
ob sslecht —
mir ist
es recht.

Beim Chinesen

Ich sitz am Tisch
und krieg gleich Ente.

Ich bin nicht drauf,
mir fehlt der Rotz.

Ich frag mich, ob ich richtig klotz

Ich weiß nicht,
welchen Hut ich trag
Ich sag mir, daß ich gar nichts wag.

Daß ich zuviel
von mir verlang
und bin doch vor ganz wenig bang ...

... da kommt sie,
meine Rente!

Mein bestes Gedicht:

Hungrig,
durstig
und faul –
das ist Paul.

Abendgedicht:

Hier sitzt die Kraft,
hier steht die Lust,
hier geht die Ruhe
ab in die Truhe!

Ich kann
mi

ze!
ich muß.
aber!

FF:

Die Wurzel ~~einer~~ von Freundschaft
ist Ausgleich.

die von Feindschaft Vergleich. –

besser:

Freundschaft findet ~~Gleichheit~~ Ausgleich
Feindschaft sucht Vergleich.

oder: Freundschaft gleicht aus,

Feindschaft ist ~~gestritten~~ unentschieden.

oder: Freunde brauchen Feinde,
Feinde brauchen Freunde.

Mein Name	Ich habe einen Vogel,	Es geht
ist	der heißt	mir wie
Hansen	Georch	Antühn

Das Haus	Der Storch	Die Fliege
~~bringt~~ hat Glück	bringt Glück	hat Pech
genießt	liebt	stört
die Stimmung	den Freund	[illegible] ~~die Harmonie~~
sieht	sucht	erleidet
die Schönheit	den Sinn	die Wirklichkeit
der Welt	des Lebens	des Alltags
ist groß	ist mit sich	ist hilflos
durch Gefühl	1	und dagegen
erotisch	poetisch	komisch

1 Volvo, 3 Lerchen,
2 Finken

Fülle deine Hülle!
5°
20h
Luise,
Anzère
Montag
36°

Alles hat ein Wesen

Der Punkt,
der Strich,
das Dreieck,
das Viereck,
der Kreis.

Die Fläche,
der Körper.

Das Runde,
das Spitze,

Das Helle
das Dunkle.

Das Sichtbare,
das Verborgene.

Das Eindeutige,
das Bunte.

Der Stillstand,
die Bewegung.

Der Einzelne,
das Paar,
die Gruppe,
die Menge.

Das Wollen,
das Sollen,
das Können,
das Müssen.

Alles hat <u>ein</u> Wesen.

Und du hast die Wahl.

<u>Kinderlied</u>

Die Welt wird kalt und kälter,
wir werden alt und älter.
Die Menschen ham gesponnen,
das Glück, das ist zerronnen.
Die Störche sind geblieben,
weil sie die Menschen lieben.
Sie werden uns erlösen,
wenn wir das nicht verdösen.

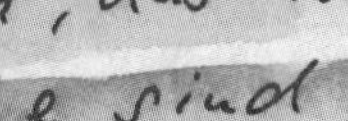

15. Dez '82
W
a
s
s
e
r
!
Dawohl!

Da sind wir also!
Und wat nu?
weiß ich?
Du bist doch der Künstler!
Glüh!
oder
Wein!

Bei uns sagt man:
„Schöppkes geben Dröppkes!"
„Wat bekloppt! Ne?"

Schöppkes
Dröppkes!!!

Katzenginken

noch 7 Olle Hansen-Gebote
für ein eigenes Schweben:

15.) Du sollst nicht lange unterliegen!

16.) Du sollst dich gehen lassen!

17.) Du sollst aus allem mehr machen!

18.) Du sollst selbst herrlich sein!

19.) Du sollst dich durchpausen!

20.) Du sollst unverschämt sein!

21.) Du sollst fabelhaft leben!

Fortsetzung nach dem  !

über
der
kt der welt

tauchen!
Wir lachen uns kaputt –
und ich!

Alles unter einem Dach

Die Mauern stehn im Ernst herum
Die Fenster sind aus Spaß
Gefühle gehn zum Schornstein raus
und witz vermietet das.

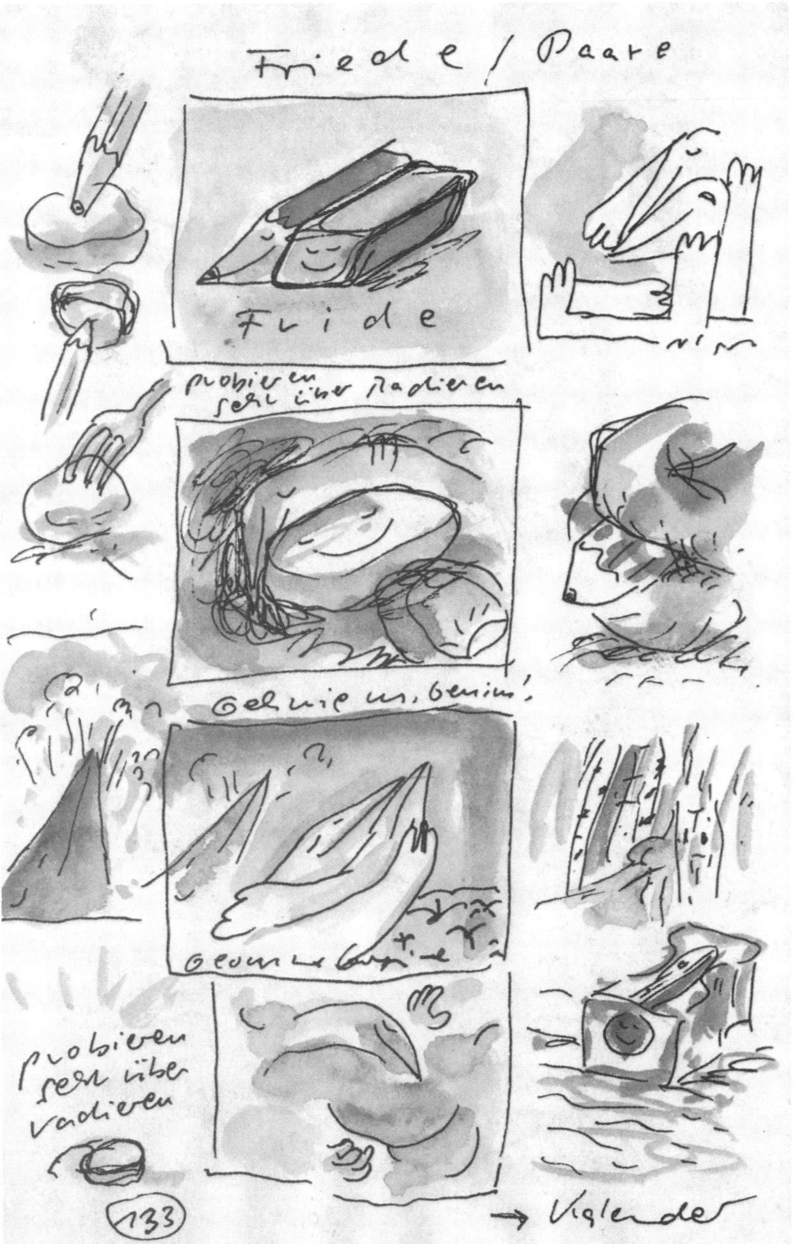

Friede / Paare
Fride
probieren
sehr über Radieren
probieren
sehr über
radieren
133
→ Kalender

Ich habe gearbeitet
und geschlafen.
Ich setze mich
hinter mein Haus
und gucke in den Himmel.
Was für ein Gezwitscher!
Ich gucke auf die Straße.
Was für ein Verkehr!.
~~[illegible]~~
~~[illegible]~~
Ich denke,
so geht das immer weiter
und ich habe einen
guten Platz.

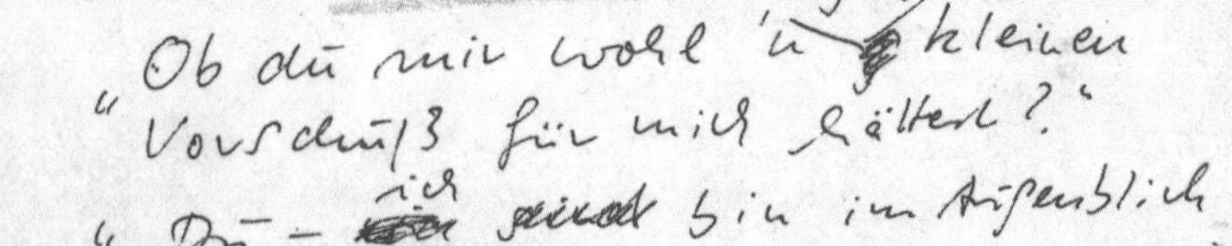

„Ob du mir wohl 'n ~~[illegible]~~ ganz kleinen
Vorschuß für mich hättest?"
„Du – ~~[illegible]~~ ich ~~selbst~~ bin im Augenblick
selbst völlig blank!"
„Aber ihr habt doch noch
das Haus ...!"

Sprache
sprechen
verboten

verbieten
verboten

Was ist es
an einem Stein?
Man weiß nicht.

Man weiß nicht,
was es ist
an einem Stein.

… an einem Stein 153

19.12.82
Könnte ich doch meine Grenzen ~~erkennen~~!
verbrennen!
oder: Man kann nicht alles haben!
Alles zu meiner Zeit!
Es muß immer alles möglich sein!

(x) Man weiß nie genug,
um aus einer Beobachtung
den richtigen Schluß zu ziehen.

(x) Wer auf einem steht,
hat einen unter sich.
Wer unter sich ist,
hat schwer zu tragen!

Nur Gewinner
können verlieren

Als er sein Vermögen durchge-
bracht hatte, konnte er
endlich über sein
Unvermögen verfügen.

Noch 7 Olle Hansen-Gebote
für ein eigenes Kleben!

22.) Du sollst gegen dein Ziel
starten!

23.) Du sollst dich ab- und zu-
neigen!

24.) Du sollst in keinen Schatten
treten!

25.) Du sollst warm anziehen!

26.) Du sollst es gut machen,
nicht sehr gut!

27.) Du sollst bloß, nicht
nackt sein!

28.) Du sollst Gewühl
ins Spiel bringen!

So ist doch schön.

wenn ich ein Künstler wär
und im Museum hing,
lög ich zu dir.

17. März 98

weil's aber nicht kann sein,
weil's aber nicht kann sein,
bleibe ich nur allhier!

14

Die Kartoffel

Immer on the road,
immer auf'm trip,
kann nicht sein wie ihr,
werde nie ein chip!

Fliegender Gedanke

Ich bin mit meiner Liebe
nicht zuhaus.
Ich hab zu oft gelogen.
Ich wünsch mir, ich find ~~noch~~
~~[illegible]~~ noch heraus
Und werd nicht
rausgezogen.

Könnt ihr Euch das
vorstellen?

Ich halte eine

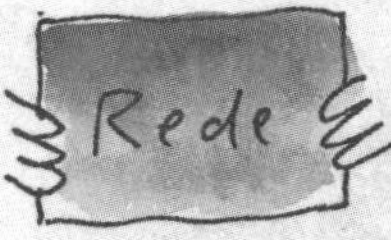

Ich lasse ein

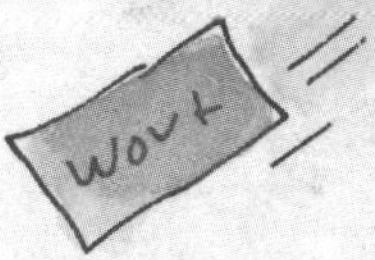

fallen.

Dann
drehe ich ihnen das Wort im
Mund herum,
ich mache einen Satz,
ich mache einen Punkt
ich setze nichts voraus
ich komme ihnen zu nahe
ich begreife sie ...

... Und ehe sie sich
versehen (denn das sollen
sie ja gerade nicht!)
bin ich in aller Munde!

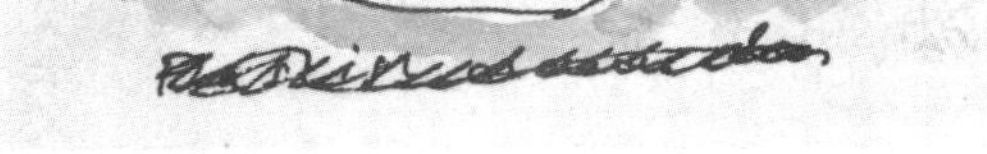

Im Leben wie in der Liebe wie in der Kunst!

zu „Die neuen Werke"

(Werbung für ein fabel-haftes Leben)

~~Erotik, Poesie~~ [illegible]

[illegible]

Erotik	Poesie	Komik
will	kann	muß
natürlich	künstlich	plötzlich
das Eine	das Andere	Irren
~~in Liebe~~ liebend	glücklich	weise
~~und Tod~~ und sterbend	und traurig	~~und~~ und dumm
~~[illegible]~~	~~[illegible]~~	~~[illegible]~~
sich erfüllen	sich erfreuen	sich befreien

in Liebe und vergl.

sich

~~[illegible]~~

① Erotik, Poesie und Komik ~~[illegible]~~

ent-~~[illegible]~~ decken!

(94)

Darf ich dich anmachen?
Es ist so dunkel ...

wo kann sich schon
Lauen?
wasserfall
Erotisch,
wasser lauf
poetisch,
was ser-hahn
und komisch
so leben.
(Sind wir aus wasser,
sind wir schon
vergeben.)

nochmal:

Geh mir aus,
Genius!

Philosophie – viel design.
Pillo-Sophie will die sein!

ben

Ich habe mir einen Tresor gekauft!
Jetzt bin ich pleite!
(wo ist der Hase?)

Tokio – New York

~~[illegible]~~e. **Komiker!**

Es gibt Leute,
die sind ~~[illegible]~~ ihrer Meinung.

~~[illegible]~~

Esther hat noch mein Hemd.

Stockhausen will neue Rechnung

{ Ø an RaRö / Unicel / OnRom / Franck
{ Interview Cosmo

Idee: neue Interviews:

beim Essen, schwimmen, wandern
beim Lieben, beim Leben, beim Andern

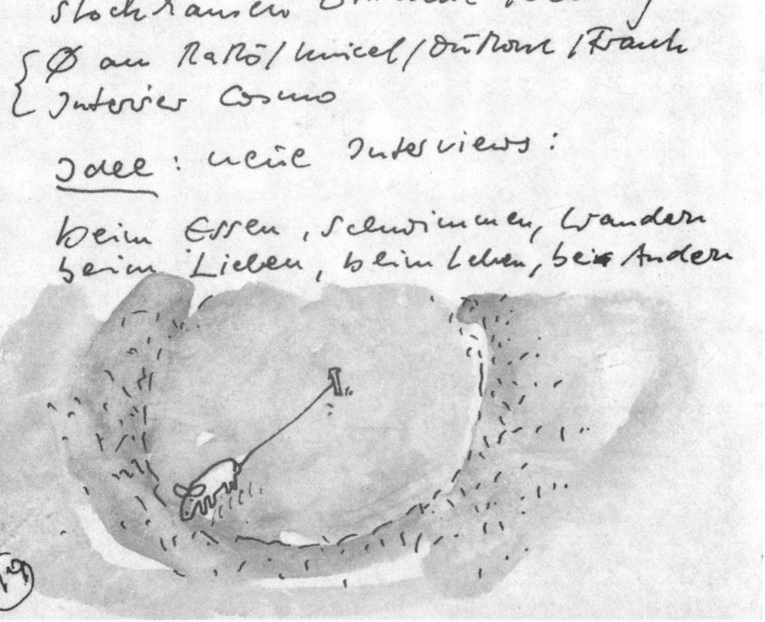

Ein Jahr

Ein Jahr wandern.
Ein Jahr tanzen.
Ein Jahr essen und trinken.
Ein Jahr erzählen.
Ein Jahr nichts tun.
Dabei vergessen.
Das Ganze zehn mal
Und dann weiter
sehen.

Gegensätze

kommen
vom
Reden,

Wer nicht
für sich ist,
ist
gegen dich.

Narziß sprach zu

Narzisse: „Schön bisse!"

(Narzisse zu Narziß:
„Blabla! – Wohl kein
Spiegel da, wa?) –

Tja. –

So isses mit Narzissen!

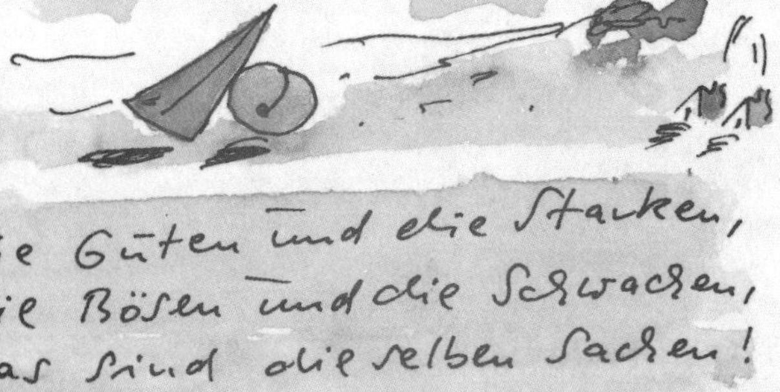

Die Guten und die Starken,
die Bösen und die Schwachen,
das sind dieselben Sachen!

„Was suchst du?"
„Meine Fehler."
„Was?"
„Ich hatte früher doch mal
so Fehler ... die such ich jetzt."
„Wie sahen die denn aus?"
~~[illegible]~~
„Groß."
„Dann müßte man die doch
wiederfinden ...!"
„

Klappern
gehört zum Handwerk.
Trommeln
gehört zum Marschieren.
x Singen ~~[illegible]~~
zum Wandern.

---

3 x bitte, bitte sagen
oder einen Klaps vertragen!

vas plus!
P.T. Schulz

Melodie

Ich liebe Melodien,
die einfach sind und wie ein
Bach.—
Ich freu mich, wenn ich
was gefunden hab,
Und das geht so:
ich lach!

Es gibt ein Frohsein,
das ist selbstgemacht
Und immer ist es faul,
das Ei.—
Man tut und macht und
sieht gut aus,
Und weiter ist halt nichts
dabei.—

Sind wir nicht Domino und
Puzzlestein
Und passen, wo was ist wie wir?
Ich hörte gestern eine
Melodie,
die fand ich einfach
wie ein Bach —
Will sagen: Danke dir!

Zukunft kommt von
Vergangenheit.
Gegenwart geht von selbst.

Noch 7 Olle Hansen-Gebote
für ein eigenes Leben:

29.) Du sollst dich jeden Tag erschöpfen!

30.) Du sollst keine Pfeife sein!

31.) Du sollst eine Welle machen!

32.) Du sollst nicht von dir abgehen!

33.) Du sollst das Runde begreifen und ...

34.) ... das Spitze verstehen!

35.) Du sollst mehr lachen als achen!

Befeindet oder verfreundet?

Themen: Kunst
Ernährung
Geld
Liebe/Freundsch.
Zärtlichk.

Zukunft
nach Rechts
Alltag
Kaufen
Musik, Kino

Wölkchen
Bündler

Vorher – Nachher

Vertrag Gräber

1% von meinen Liz-Gebühren
Minimum 1000.– bei
Durchlegung.

WARE GEDICHTE I

Vor meinem Fenster steht eine Birke.
Und wie geht es dir?

Sie ragt hervor wie eine Sonnenblume
und hat auch ein kerniges Strahlen.

Es war einmal ein schickes Arschloch.
Das war für alles offen. Aber nicht
wirklich.

Ich stehe an Deiner Seite wie ein Baum,
den man auch mit Genehmigung
der Stadt fällen darf.

Plötzlich ein Krachen! Ich sehe auf
die Straße – weit und breit ein Auto!

Jetzt habe ich schon drei Jahre
keine Bananen mehr gegessen.
Dabei mag ich Bananen.
Was ist bloß los mit mir?

9. Dez '81
J'attendrais toujours …
674

Wie wahre ich den Schein

und kaufe doch gut ein?

P.T. 5. 89

Was sich reibt,
will was abhaben,
P. T. Schü '13

Der Fuchs

Oft sieht man zwei
zusammenstehn
und sich das Wort
im Mund umdrehn.

Sie reden über dies und das,
und das Gefühl
schleicht leis durchs Gras.

Darüber wird der Friede fett.
Man dreht nichts mehr,
ist nicht mehr nett.

Was vorher ging,
wird jetzt zur Krux,
man schleicht sich
und lebt fort als Fuchs.

P.S. Bildunterschrift:

Im Nebel sieht man freche Falten
Das nennt der Hausen oll.
Das Schicksal war noch nie
fürs Flache,
Ein Füchslein kennt nur
seine Sache
Es ist mit Liebe voll.

Gedicht

Das Publikum
starrt auf den
Vorleser:

Wird er rot?

Ja!

Interruption:

„Da pest der auf die Waage!
Nach'm Akt!
Für ~~[illegible]~~ fünf Gramm!"

Der Name ist der Redaktion ~~[illegible]~~ am 28.12. 2350 bekannt!

Gedicht

Erben.
Liebend
Sterben.
Schreiben.
Malend
~~[illegible]~~
Bleiben.

Oh!
Schere Sade!

Licht!
muh!
mäh!
(die blaue Blume)
manche lange Nase kommt von Herzen
1same Lieb
Da hat die Schlange wieder mal Schwein gehabt..
OO
Oder Toilette
Rabenschwarzer Tag.
Vereinigungen aller Art wie Kreuzungen u.a.

Fisch
mit Katern-
Schwanz
nochmal!
Irisch
moos
74
Malerei –
die innere + äußere Form

Phantasie	Humor	Kraft
will	kann	muß
das Unmögliche	das Wirkliche	das Mögliche
wahr machen	verzaubern	erreichen
treibt	hält	trägt
den Kopf	das Herz	die Last
zur Tat	gesund	nach Hause

Papa Man

② Phantasie, Humor und Kraft

ä! passop

Raus lassen! –

95

BEN

Lieber eine handfeste Sehnsucht als eine pflaumenweiche Freiheit.

Meine Kunst?
Ist, daß du jetzt hier bist.

~~Die~~ Weiber ~~[illegible]~~ sind eine <u>herr</u>liche Vorstellung.
Frauen ~~[illegible]~~. eine <u>weib</u>liche.

Kopfnuß

Ja macht an.

Nein macht was aus.

Noch 7 olle Hansen-Gebote
für ein eigenes (mal) Leben:

36.) Du sollst deine Wut nicht verärgern!

37.) Du sollst dein Leben bunt malen!

38.) Du sollst nicht herumübeln!

39.) Du sollst so eben schweben!

40.) Du sollst kein Gesicht verlieren!

41.) Du sollst keinen Kopf kürzer machen!

42.) Du sollst ein gutes Ja! haben!

(wird immer besser!)

Was wir
brauchen
ist eine
Geheim
sprache!

Esther
muß
schon
wieder!

15. Dez.

Menschen irren.
Irre Menschen.

Sich suchen ist zum Heulen.
Sich finden zum Lachen.

Wieso stört dich mein Alter?
Deine Jugend stört mich doch
auch nicht!

Ich bin so kaputt –
ich würde sogar eine Erbschaft
annehmen!

Die

schiene

Du erwachst!
Kaum zu glauben!
Keine Trauben!
Du lachst!
Hahahahaha ha!
Schon sind Trauben da!
(Ein bißchen klein vielleicht.
Aber es reicht.)

Kunst + Leben

„Merkst du nicht,
daß du verzichtest,
wenn du über Leben
dichtest ? —
Und, daß,
wenn du Bilder malst,
diese Kunst
mit Zeit bezahlst?",
fragt der Igel.

Sagt der Hase:
„~~[illegible]~~?
~~[illegible]~~
~~[illegible]~~?
Wär ich nicht mit lang. Ohren
Und zum ~~[illegible]~~ Dauerlauf
geboren,
~~[illegible]~~
~~[illegible]~~
~~[illegible]~~
~~[illegible]~~?"
frug ich sicher auch so dämlich
Und wär meinem Weibe ähnlich.

Hoek van Holland

Sie stiegen auf die Düne
Und machten vor sich halt.
(Das Meer war mehr als Kino.
Sie waren jung und alt.

Sie äugten nach dem Blicke
Und fanden nichts darin.
Sie paßten gut zusammen.
(Sie wollten keinen Sinn.)

Jan 88

Man kann nicht alles haben!

„Wenn du mich mal siehst, ..."

„... sagst du mir dann Bescheid?"

Aufsatz

Immer, wenn ich unten im Haus pinkeln geh, weiß ich, daß meine Nachbarin gegenüber meinen Kopf durchs Fenster sieht und weiß:

„Jetzt!"

Gestern fiel mir – aus dem Auto guckend, ein alter Mann auf, wie er an sein Haus gelehnt auf die Straße sah. – Ich sah dem Mann ins Gesicht und er winkte mir plötzlich erregt zu – als wäre ich sein Sohn, der ihn 1x die Woche besucht oder der Kiebitz vom letzten ~~Abend~~ Skatabend. –

Dies ist für dich vielleicht keine Geschichte; aber jetzt weißt du doch wenigstens, was ein Fenster ist.

Das Gebet

Idee für ~~[illegible]~~ ~~[illegible]~~ Lesestoff!

<u>z.B. Sessel Gruber:</u>

in diesem Sessel wurde gesagt ...

<u>z.B. Hausecke Tschadyes</u>

hinter diesem Haus wurde gesprochen

etc.

<u>gesammelte Sprache!</u>

↓

Fenster, Stühle etc.

[illegible]

Ich hab eine Liebe verloren.
Oder zwei? Oder drei? Oder vier?
Oder fünf? Oder sechs?
Ich hab eine Liebe behalten.
Die Hex.

frei laufendes
Huhn
im Sitzstreik
gegen
Massen-Mensch-
Haltung mit Esther
14.3.88

Du bist meine beste Freundin!

(Schlecht bei Anna abgemalt.)

noch 7 olle Hansen-Gebote für ein eigenes Leben:

43.) Du sollst strahlen, nicht glänzen!

44.) Du sollst ordentlich durcheinander sein!

45.) Du sollst dein Herz nicht verschenken!

46.) Du sollst fassungslos sein!

47.) Du sollst hier und da sein!

48.) Du sollst frei sein!

49.) Du sollst gar nix!

„Irgendwie haben Kühe
was Altmodisches."
„Ja, wie Maler."

Nein!
Ich bilde mir nichts ein!
Ja!
Ich habe laut gelacht!
Nein!
Ich hab nicht nachgedacht!
Ja!
Ich habe mitgemacht!
Nein!
Das müßte gar nicht sein!

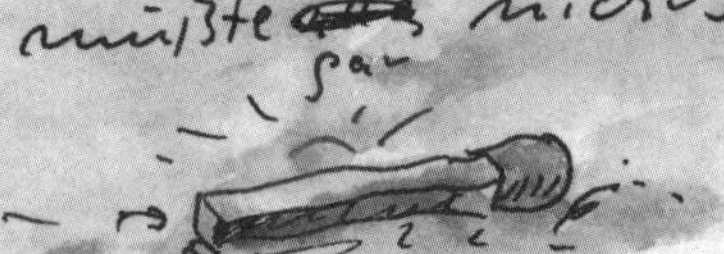

Frühlingsmorgen

Als wenn ich selbst ein Fenster wär,
so glotz ich raus aufs Fenstermeer
und krieg kein Auge auf. –

Gleich schwingt der Lorenz sich aufs Reck,
die Stadt liegt da und kann nicht weg,
und ich? – Trink aus und lauf!

mach mich am Strand bekannt mit Macht,
lach, daß mir jeder Knochen lacht,
zieh aus mein Herz und renn!

Und schmeiß mich wieder in die Flut,
bin übermütig und hab Mut
und lieb, was ich nicht kenn.

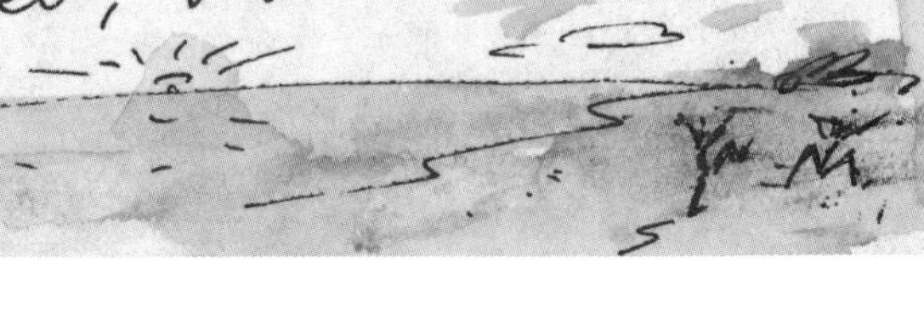

Sie trägt ein Tablett
in eine Küche.
Sie stellt eine Vase
auf einen Tisch zurück.
Sie setzt sich seitlich
auf einen Stuhl.
Sie zündet sich eine
Zigarette an.
Sie bläst einen Rauch
in einen Raum.
Sie bietet mir
einen Satz an.
Ich nehme ~~erst~~ ~~mal~~ ~~wieder~~ erst mal
einen Hals
und ~~eine~~ etwas Schulter.

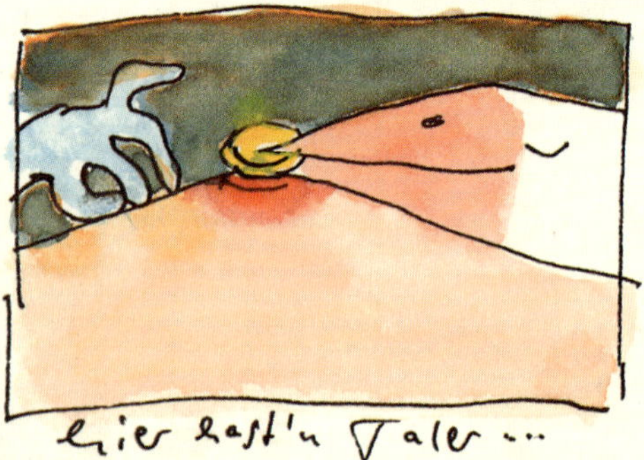

hier hast'n Taler ...

an.

Bilder mit allen Sprachen
zu einem Thema.

schreibe und Radieren

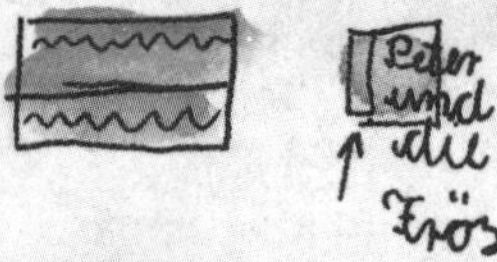

Personen – (Stuffelder)

3 ~~Das Strengt an und was,~~
4 ~~Ich hab kein wie Glück,~~
1 ~~Ich kann nicht viel~~
2 ~~Und kein kein Trick~~

~~Ich~~ Ich kann nicht viel,
ich kenn kein' Trick;
Ich streng mich an.
Ich hab wohl Glück.

Was macht einen Baum aus?
(Ein Feuer!)
Was gibt uns ein Baum?
(viele Lineale!)

(9)

Ob das klug ist, sich sesshaft zu machen?

Ich nehm euch auf den Arm –
und was macht ihr?!?

Ich bin ganz ruhig.
Ich hab ja meine Zweifel.

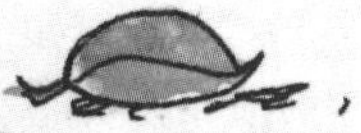

Sei du lieber naiv!

(21)

na, Meister
wast
is

sich ~~…~~ Spiel, Kampf ~~…~~

Spiel	Kampf	Freund-schaft
begrüßt	gehorcht	ersinnt
den Zufall	der Natur	eine Kunst
folgt	erreicht	dient
dem Trieb	sein Ziel	dem Bündnis
Gewinn	den Preis	Ideen
spüren	fordern	tauschen
befriedigt	befreit	beschützt
Lust	von Not	den Traum

③ Spiel, Kampf + Freundschaft

Probieren? Hurra!

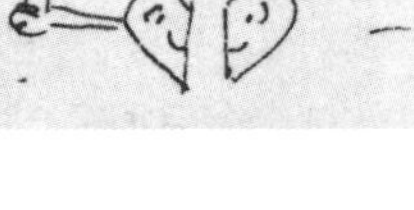

Er hatte ~~viel~~ ~~richtig~~ nix damit zu tun,

in der Sonne zu liegen. Er war doch der Grasmann!

Von der Hängematte aus kam er an kein Bier. Er schob das darauf, daß seine Freundin ihn verlassen hatte.

Gott sei Bank!

„Vergiß dein' nicht!" sagte das Eichelhörnchen.

„Ich ärger dich solange, bis ich dich trösten kann!"

Noch 7 olle Hansen-Gebote für ein eigenes (Ab-)Heben:

50.) Du sollst nicht platzen!

51.) Du sollst nicht marschieren!

52.) Du sollst nicht scheinheilig sein!

53.) Du sollst dich nicht bemitleidigen!

54.) Du sollst deinen Stall nicht beschüppen!

55.) Du sollst wie keiner sein!

56.) Du sollst deine Träume begießen!

(Du sollst ein Tiescher sein!)

Gabi
Anni
Die
Sibylle
Hase

Erst, wenn man weiß,
daß müssen nicht muß,
ist mit dem Müssen
wirklich Schluß
und man ist sich
wieder ein ich.

Das Klischee der Freundschaft ist: ein Opfer.

wer da?
Planet oder Satelit?

Jeder Spaß kostet.
Glust.

Was kann man sich schon für einen Spaß kaufen?

"Rette dich, wer kann!
Der kann kein Pferd!!
zu suchen ist die Form, ihr Leut, die alles hat und nichts bedeut!

Du bringst mich um!

tut mir leid

„43 Jahre sitze ich nun schon hier am Strand und beobachte diese Welle. – Aber alles, alles verstehe auch ich noch nicht ...“
„Endlich mal 'ne ehrliche Haut!“

liebende
Sandburgen
bauen

Steno-
gramme
von
Begegnun-
gen
versuchen

Zeig der Welt deinen Vogel!

Georch

„Sei 1

mit dir!"

das fabel-hafte Holz, das glückliche Brett! die stärke Kiste!

Dein
~~Der~~ wetterfester Freund gegen alles.

„1sam, 1zigartig, 1malig wie Du

ein 1zelkämpfer wie Du

steht zu Dir, wie Du

ein senkrechter Vogel wie Du

ein 1iger Rückgrad!"

sieht alles, ohne hinzugucken

sagt alles, ohne seinen Schnabel aufzumachen,

~~veränd~~ hilft dir, ohne die Hände aus der Tasche zu nehmen

ist immer bei dir, ohne einen Schritt zu gehen

weil er ein Künstler ist und weil Du an ihn glaubst.

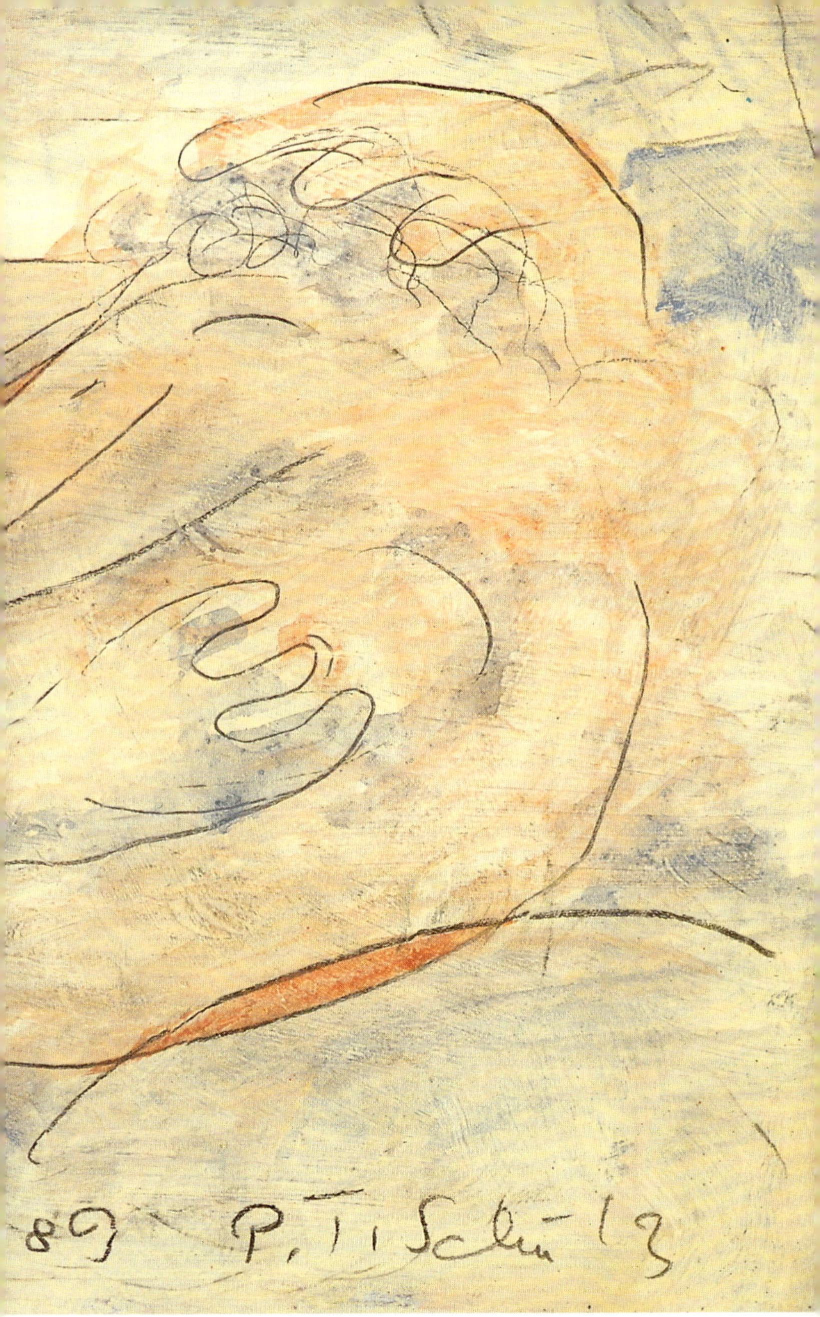

"Ich bin mit unseren Problemen sehr zufrieden. – Du auch? – He, ich hab dich was gefragt!"

Noch 7 Olle Hansen-Gebote für ein eigenes & Danebenleben:

57.) Du sollst auf deiner Höhe sein!
58.) Du sollst ein- und ausatmen!
59.) Du sollst die Gelegenheit putzen!

60.) Du sollst keinen Stich kriegen!

61.) Du sollst die lachende Mitte sein!

62.) Du sollst viel erlieben!

63.) Du sollst den Blues haben!

57. Ollen Hauser-Gebot

Du sollst
auf deiner Höhe sein!

Pliska

Sonnenstrahlen
Regentropfen (Tränen)
wolken
pinsel
Knochen
Herzen
halbe Hüte
Storchenschnäbel
Vögel
dick, dünn, groß, klein -.

Zu Antjes Bild in der Küche:
Was ist schön?
Daß jeder was andres will?
Was ist schön?
Man lebt und ist totenstill?
Was ist schön?
Zu denken, daß alles geht?
Was ist schön?
Man hört, daß es draußen weht …
Hüiii!
Juni 88

Hilfe!
so geht Glück!

Halt den Mond,
Schere Sade!

5

Brücke
2
1
3
Spontan
Kodierungen!
Erfüllung
Veräußerung
60

Ein visionäres Malen etwa,
um ein inneres Bild
zu zeichnen von dem, was
einen beeindruckt, könnte
so passieren:

1) Bild aufnehmen
2) Augen schließen
3) Bild blind skizzieren
4) ~~Bi der~~ Skizze vollenden

Pendant zu blauen Bild
Grübler

Lieber gut drunter
als schlecht drauf! (13)

unzufrieden
~~wer ist~~ nicht genial genug.
war

Sonne

und Sonne:

Sonne scheint aus jeder Kartoffel.
Sonne macht aus Zitronen Falter.
Sonne ist das Gemüt der Stoffel.
Und stoffelig sonnig —
so malt er.

Der Enterich

Der Enterich, der Enterich,
der hat so viel Talente, —
was nützt ihm das,
was nützt ihm das
bei einer lahmen Ente?

Die Schmetterlinge

Heute fröhlich,
weils uns gibt,
morgen ganz
in uns verliebt!

(25)

Wenn der Witz
das Ende des Gefühles ist,
ist der Aberwitz
die Rettung.

Mein Name ist Simplex.
Wer ist Simplicius?

Ich hab
Schulden.
Also bin ich.

Lieber mit Hausen irren
als alleine Recht haben.

Es gibt 3 Arten von Künstlern.
Ich gehör zu der 3.

Einatmen	Ausatmen
füllt sich	verändert
mit Chaos	die Ordnung
erlebt	macht
die Welt	aus Zeit
im Rausch	Geschichte

dabei einfach

④ ein- und ausatmen

Probieren
geht über Manieren

Aus dem Paradies vertrieben
mußten Mann + Frau
sich lieben –
daraus folgten Freund
und Feind –
und der Geist, der dies
verneint.

Drin der Fisch!

~~[illegible]~~

Jeder, der seinen Kram
verkauft, ist ein Krämer.
Jeder andere
ist ein Schämer.

Frage:
War der Erfinder des
Rades
moralisch einwandfrei?

noch 7 Olle Hansen-Gebote
für ein (bis zwei)
eigene Reben:

64.) Du sollst nicht lügen
wie gedrückt!

65.) Du sollst in Not wendig
sein!

66.) Du sollst nicht abschmieren!

67.) Du sollst rechts fahren
und links überholen!

68.) Du sollst dich nicht
kriechen lassen!

69.) Du sollst die Trühe
weg haben!

70.) Du sollst lächeln!

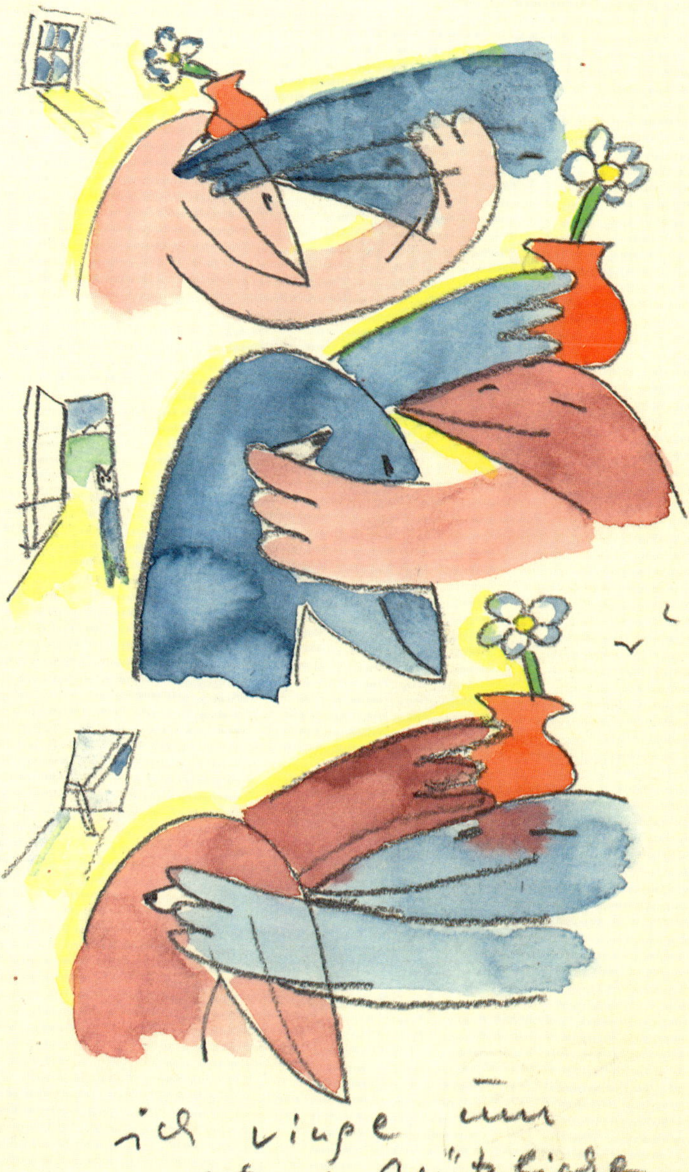
ich ringe um
etwas Nützliches

wenn Georch die Augen
aufmacht,
sieht er einen Bürger,
der lieber ein Bauer wär
und einen Bauer,
der lieber ein Zigeuner wär
und einen Zigeuner,
der lieber ein Bürger wär
und ~~[illegible]~~ ~~[illegible]~~ dann
macht er die Augen lieber
~~[illegible]~~ wieder zu.

Es gibt menschen,
die können in x sekunden
x meter laufen.

und es gibt menschen,
die können ~~[illegible]~~ auf x
metern x Dinge denken.
~~[illegible]~~,
~~[illegible]~~.

Und es gibt Menschen die
[illegible]

liebt
das
Leben
eben.
(solange
sie
es
nicht
wissen)

„Weißt du, wen ich heute
nicht getroffen habe?"
„Nein ... nein ... fällt mir
nicht ein!"
„Herrn Kautz!"
„Nein!!!"
„Doch! Wenn ich dir's doch
sage! Ich geh durch die Stadt,
ich geh in die Post und
wen treff ich nicht?!!"
„Herrn Kautz!"
„Du sagst es!"

29.12.'87

malen
mit
geschlossenen Augen:
sensitives Ereignis,

Gut
getroffen – der Cognac!

„Der Abgehobene bringt...
was?"
„was Abgehobenes!"

Die blaue Stunde
Das blaue Buch

„Die Büste"

~~Was mache Sie hier~~

„Ich versuche, einen Brief
durch den Dschungel
zu bringen, Ich weiß nicht,
was drin steht. Nur, daß
ich hin bin, wenn ich ihn
nicht abgebe.
Also mache ich unterwegs
Geschenke. ...

Wann werde ich ankommen und
was steht in dem Brief?"

Keiner legt
ein
der Form
zu liebe.

Liebe 11i,

Ohne dich
bin ich
so 1 arm!

D1 R1

(19)

Frische Bete:

Lieber Gott,
zeig dich nie!
Lehr mich nur
mein Genie!

Irgendwas ist hier geschlüpft
und losgehüpft.
Irgendwer hat ausgeheult
und lacht verbeult.
Irgendwann war das
schon einmal so.
Irgendwo.

Cats in Zu- ~~[illegible]~~ und ~~[illegible]~~ wendig
Au- ~~[illegible]~~
~~Bei- abgeschlüpft~~.

Leben – Streben – Schweben – Kleben –
Beben – mal eben – weben – Ableben –

Daneben

noch 7 olle Hansen-Gebote
für ein eigenes Leben:

71.) Du sollst die Ehe nicht brechen,
nur biegen!

72.) Du sollst bei Trost sein!

73.) Du sollst mir nicht
zu liebe sein!

74.) Du sollst dich erobern!

75.) Du sollst verrückt sein!

76.) Du sollst Scheiße schreien!

77.) Du sollst mitkitschen!

immer ∞ dasselbe.
Jo, Kürt!
Darf eine Kuh absahnen? –
Das ist doch die Frage!

1. verrenkung im mai
willsse im wasser?
Jasischerdat!

Ganz
im Gegenteil

1 Der Schlaue ist gerissen,
der Dumme wird beschissen,
der Kluge wird geschnitten,
der Herr Pastor läßt bitten...

2 Erst Prozente,

dann Promille

,

nix Marie,

nix kille-kille!

24.12.88

Ich lebe vergessen, worauf es ankommt!

Der Sinn des Lebens

Der Mensch ist geboren,
zu essen, zu trinken,
zu lieben, zu lachen
und einmal am Tag
sich Gedanken zu machen,
so schwer zu werden
um leichter zu sterben,
zu träumen, zu grinsen und
nichts zu verben.

Abschrift
Gedicht zum Abitur 1963

Ein Land ist so schön
wie seine Natur
und so gut wie seine Kunst.
Erfolg
Kommt
ein
Zufall
gelaufen...

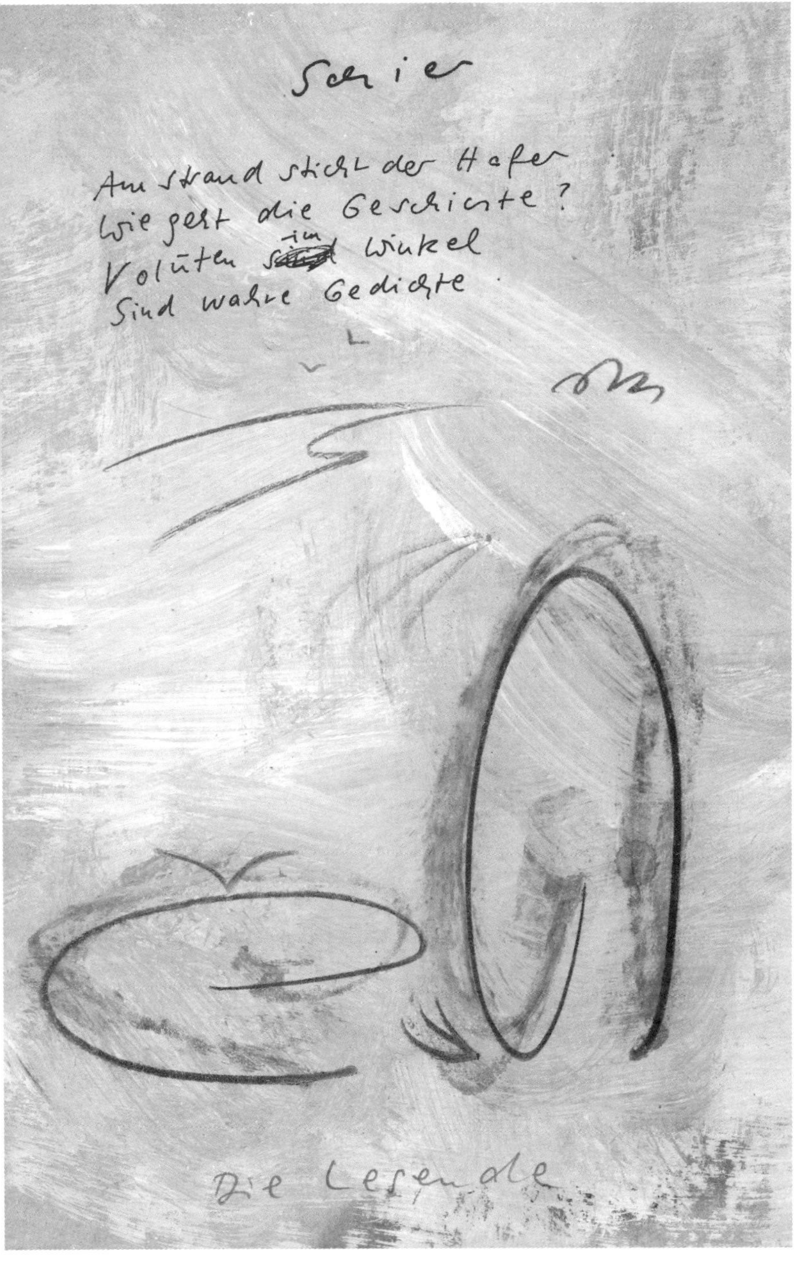
Schier
Am Strand sticht der Hafer
Wie geht die Geschichte?
Voluten im Winkel
Sind wahre Gedichte.
Die Legende

Gefühl	Witz	Spaß	Ernst
kennt	liebt	befreit	macht
Ordnung	Chaos	Ernst	Spaß
irrt	lügt	malt	bleibt
nie	immer	bunt	kühl
fängt	macht	hüpft	sitzt
immer	einfach	plötzlich	gerne
an!	Schluß!	hoch	tief

⑤ Witz und Gefühl, Spaß und Ernst unterscheiden?

Georg und Georgine
„Wenn du eine Wunderkerze in der Mitte anbrennst, hast du doppelten Spaß in der halben Zeit!"
„Ja?"
„Ja! – mach mal!"
Niemand dürfte sie übermannen! Außer dem Schlaf.
3

Neu-Griechische Episode

Kalli nicht da?
verdammt!

Ich wollte immer ein
Guthaben!
Aber bei den vielen Solldaten... (31)

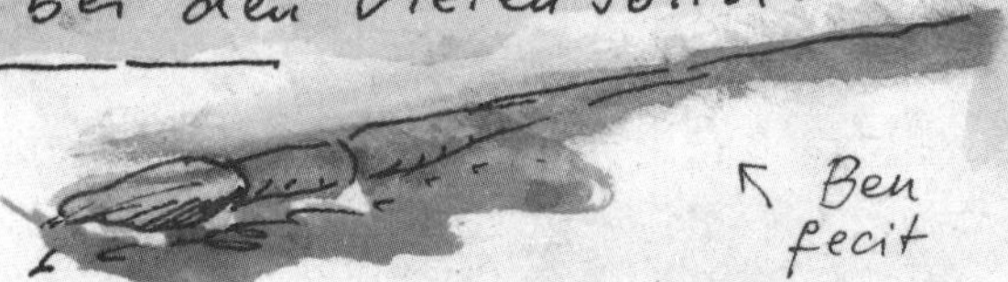

↖ Ben fecit

Ich bin ein Künstler,
weil ich Glück habe.

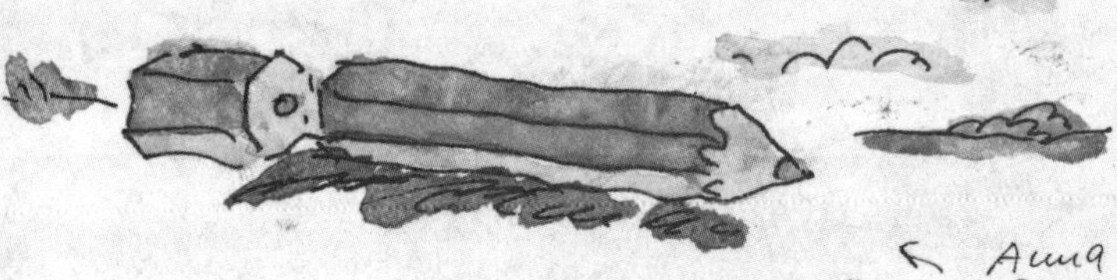

↖ Anna ~~fecit~~ aquarellabat

Hansen ist Literatur."
"Woher wissen Sie das?"
"Die Sonne scheint!"

Gibt es etwas Langweiligeres
als das Gelingen?

(43)

Home from Mirtiotissa

(27)

Die Sonne liegt lang
auf der Straße, ~~hell weiß~~.

Der Dorfhund hat Zeit
wie der Staub auf dem Baum.

Gesang fließt
durch unsern Suzuki, ~~ganz weiß~~.

Schwarz schimmert die Nikon
im Kofferraum.

Platz für Zeichnung:
(..wie war das...?)

Zwei kommen überall dran.
Hauptsache, man zaubert gut.

Noch 7 olle Hansen-Gebote für ein eigenes Leben:

78.) Du sollst nicht müde werden!
79.) Du sollst Poesie sehen!
80.) Du sollst Humor haben!
81.) Du sollst Phantasie wahr machen!
82.) Du sollst auf der Hut sein!
83.) Du sollst spinnen!
84.) Du sollst der Welt deine Farbe geben!

Die 1 und die Linie

Be | Be
1 | o(e)
. | n
e
!

(nur der arme Wanderer ist frei!)

„es, es, es und es …"

es tut mir leid.

ich mach es nicht mehr mit.

es reicht mir.

ich bin es leid.

es muß weitergehen.

ich kann es nicht.

~~Es tut mir leid.~~
(ißt) ißt nichts.

muß weitergehen

Es ist gut.

(griechische Tugenden: rechtes
Weisheit – Tapferkeit – Besonnenheit (= Maß)

Gefühl – List – Witz – Kraft
kaustische Tugenden?

miez!
miez!
miez!
miez!
miez
miez!
Erfahrung
Da
Wissen
nein
Da
P.T. Schütz

'98
Stau am

P. T. Schütz

aha!
wer war das?!?
Liebe
ist auch
denkbar

Ich mach viele Diener,
um keiner zu sein. (15)
(Bild ich mir ein,
bild ich mir ein.)

Würde ich gut malen,
wäre das richtig falsch
für meine schlechten Bilder.

Mein ~~[illegible]~~ Traum
ist eine leichte Kunst,

~~[illegible]~~
~~[illegible]~~ –
(~~[illegible]~~ Du – das bin ich!
~~[illegible]~~

(27)

Storch-Animationen

Ⓐ Bewegungen (break-dance)

Ⓑ Mechaniken

Ⓒ Verkleidungen, Typisierungen
Berufe ?

western '88

Rohe Ostern
mag ich gern,
Tussi noch viel lieber!

stille Einacht
wünsch ich dir
und mir
pralle mieder!

Buchidee:
Verrenkungen
(Fotos)

WARE GEDICHTE II

Vor mir lag mein Kontoauszug.
Die Menge brüllte.

Du lächelst wie ein Schmetterling
nicht lächeln kann, und ich
steh da mit meinem Fotoapparat.

Es waren einmal ein guter, ein
schlechter und ein richtiger Clown. –
Die kamen bei den Leuten gut,
schlecht und richtig an.

Als die Tischbeine zusammen-
rückten, konnte sich die Platte
kaum halten.

Ich will nix. – Aber immer ist was. –
Wahrscheinlich mache ich nix falsch.

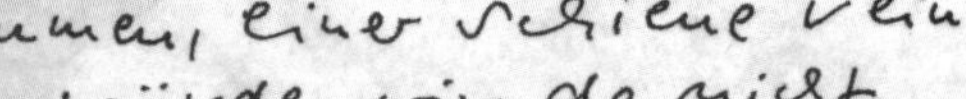

Angenommen, einer schiene reinen
Herzens. – Würden wir da nicht
reinpieken wollen?

Die Neben-
sachen sind
die Hauptsachen!
(Die Haupt-
„sachen" sind
die Irrtümer!)

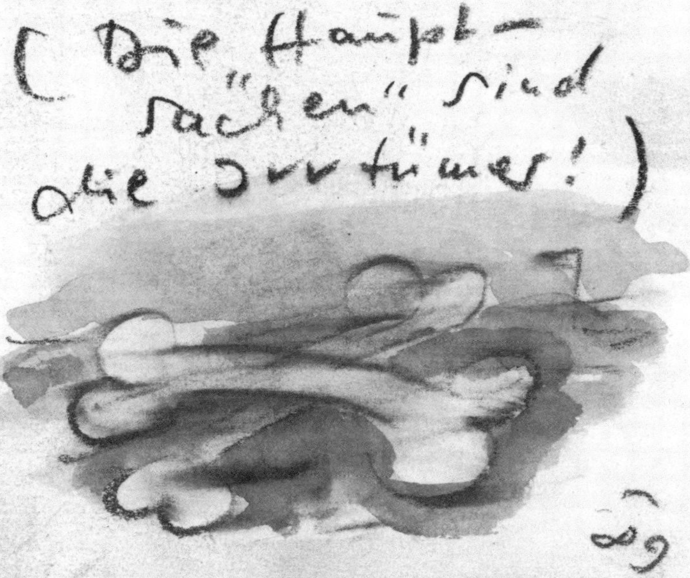

Gerade kommt Fritz mit Hühnchen! – Da kann es hier doch gleich sein Fett wegkriegen!

(nicht alles natürlich!)

Als das pflanzenfressende Tier die fleischfressende Pflanze fraß – das war ein Spaß!

Noch 7
Olle Hansen-Gebote
für ein eigenes zweites Leben!

85.) Du sollst schuldlos sein!
86.) Du sollst auf Straße stehen!
87.) Du sollst keinen Stil haben!
88.) Du sollst das Muster sehen!
89.) Du sollst dir nicht bekannt sein!
90.) Du sollst Geheimnisse haben!
91.) Du sollst glauben, was Du willst!

Was issn schon wieder?

Ich freß dich
du frißt mich
das frißt uns.
P.T. Schulz

Das muß ich mal malen:

Luft, Erde, Feuer, Wasser –
als mein eigenes Medium!
zur Musik von Al Columbier !*

(* Cölen kenn ich nämlich ~~[illegible]~~ noch nicht!)

Du sollst sehen!
Du sollst sein!
Du sollst
machen!
Du sollst nicht malen!
Du sollst sagen!
Du sollst verdienen!
Du sollst verschleiern!
Du sollst (wie olé) klingen! (?)
Du sollst orange Utan spielen!
Du sollst (beige)ordnet sein!
Du sollst Pause machen!
Du sollst (pink) As stechen!
Du sollst (oliv)er grüßen!
Das soll dir nicht zu bunt werden! l. braun
(P.S.: Du sollst schweiger werden!)

Vorsätze sind Gebote!

Korfu
Die Sitzende
Gedankenverloren
die Stuyve im Sand. –
Ein Pfirsich lacht reiflich
und macht uns gespannt.

Die Pyramide des Drachens

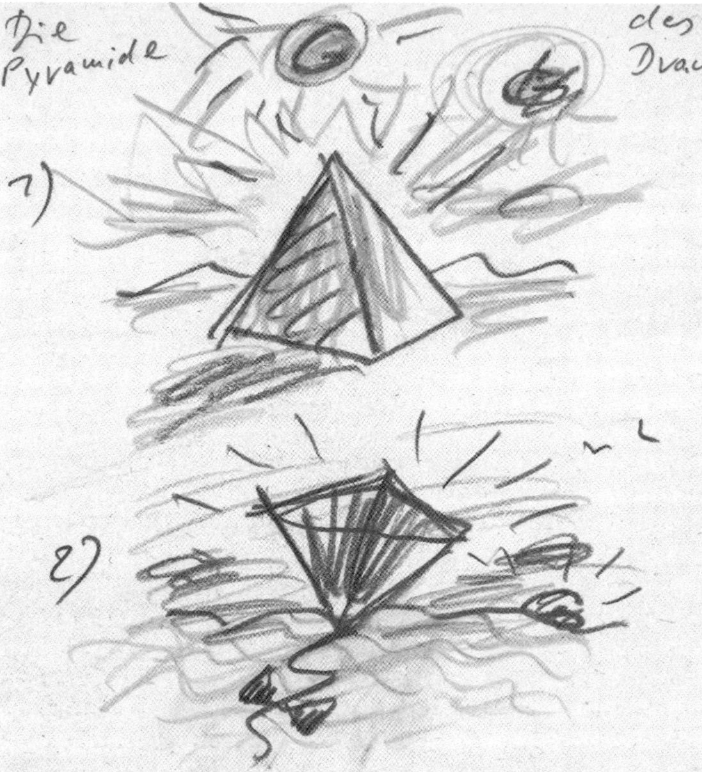

März 89

1.) Aufstieg und Täuschung des Grafen G. in wenigen Strichen

2.) Ent-Täuschung und „~~Fall~~ „Fall Graf G." nach einigen Jahren

3.) Erkenntnis des Litho-Grafen G. vor neuen Taten:
„Oben zu viel Geld, unten zu viel Rot!"

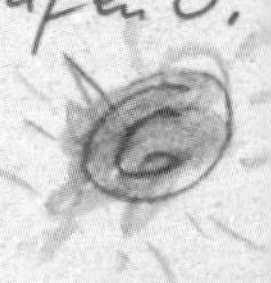

Leben Sie weiter! Dies ist ein

Auf welcher Straße möchtest du spazieren gehen?
(Und welche möchtest du werden?)

Übungs -Fall!

Gibst du mir bitte mal das Salz?
Ich?
Ich bin das Salz!

Ernst:
„sei doch
froh!"

freundlich
in der Form

liebevoll
in der Haltung

Stark in der
Eigenart

eine neue Kunst
kann nur keine Kunst sein.

oder – besser: →

Bon jour!
'89

Kreta
Die Schlafende
frei ist, wer nicht muß.
In Ruhe, gelassen
erliegtst du der Decke.
Zufrieden schläft tief
in der Festung die Schnecke.

Wir sind Freunde.
Wir achten uns.
success
feeling
nacht,
mattjes!

(18)

« Gedicht

Sei fest und stark!
Tu, was du willst,
nimm, was du brauchst
und pfeife
auf einen Weg!

(Warum malst du
"der Sonne ein Gesicht?" —
„Weil sie dann mir
gehört!")

Eine gute Zeichnung
ist immer fertig.
Ein gutes Leben auch.

Und:

Jeder lebt
solange er liebt.

(30)

noch 7 olle Hansen-Gebote
für ein eigenes überleben

92.) Du sollst dich aufmachen!

93.) Du sollst dich zulassen!

94.) Du sollst gute Fragen finden!

95.) Du sollst schwer hörig sein

96.) Du sollst keine Asche bechern

97.) Du sollst dein Können lernen!

98.) Du sollst Strom erzeugen!

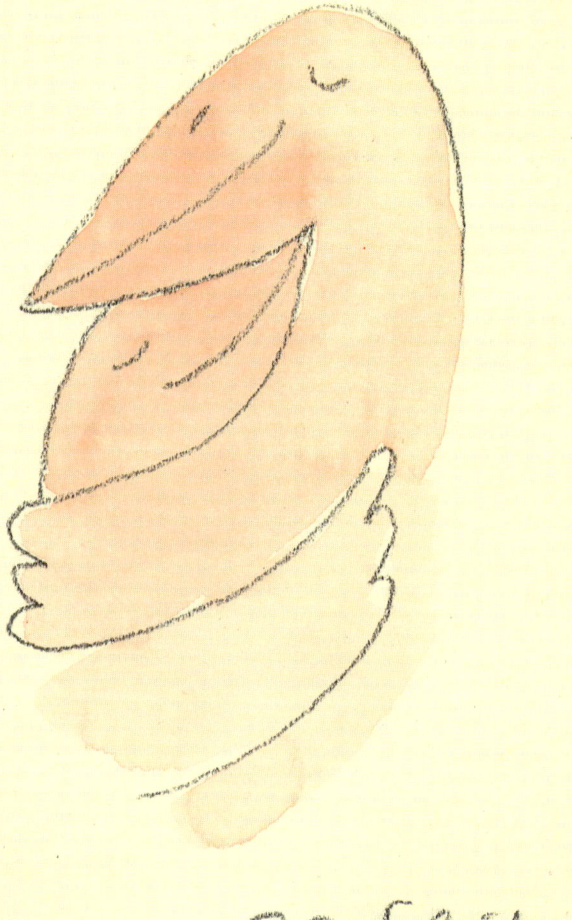

16.12.

Teig-Ente von ~~[illegible]~~ Benny-Boy!

Im Hörfunk: „Da kannst du mal sehen!“

Im Fernsehen: „Unerhört!“

(x) leere Schweinedosen

(6)

… Olympia

… rechts

… Achse … Teil … schreckens, … Bein …

Jetzt kann in Ruhe
zur … vernichtet,
werden.

Christiane

Fritz / Thomas / Ralf / Andreas / Sibylle

TV

Das Schuldbekenntnis des ICHS.

Ich

... hab mir was zu Schulden kommen lassen.

... hab mir was zukommen lassen.

... hab mir was kommen lassen.

... hab mir was lassen.

... hab mir was.

... hab mir.

... hab.

Ich. –

na und?!?

Kann ich doch!!!

Verdammich!
ne
Klatschtante!!!

In memoriam

Was Hausens Haus vielleicht bedeutet:

roter Himmel
Zeit haben

Vögel in der Luft
~~[illegible]~~
frei sein

aufsteigender Rauch
Lust haben

Schornstein
es warm haben

Horizont
so viel Platz haben

Wolken
mit den Sinnen leben

Tür
einer sein und etwas haben

Wiese
in der Natur sein

Dach
geschützt sein

~~[illegible]~~ Weg ~~[illegible]~~
sich gehen lassen können ♡

Denkste
wär gern Kapitän.
Wissen
hat die Maus im Haus.
Leben
ist nicht zu versteh'n
und Was soll's?
geht heute aus.

Ich schäme mich ja so!
Anna

DIE BILDERBÜCHER AUS HANSENS HAUS
von Peter-T. Schulz bei DuMont

DER OLLE HANSEN UND SEINE STIMMUNGEN
Hardcover und Taschenbuch
RAPUNZEL – Liebeslieder
Paperback und Taschenbuch
DER ESEL – Fabelhaftes
Hardcover
und Taschenbuch DER KUCKUCK UND DER ESEL
GULLIVER – Alltagslieder (vergr.)
Paperback
und Taschenbuch GUTEN TAG!
BERÜHREN IST ALLES – Skizzen
Hardcover
ZEIT IST EIN RIESE – Kalenderblätter
Hardcover
GEORCH UND GEORGINE – Liebesgeschichte (vergr.)
Paperback
EIN GLÜCK! – Olle-Hansen-Texte
Taschenbuch

DIE POSTKARTEN AUS HANSENS HAUS
von Peter-T. Schulz bei DuMont

SCHÖNEN GRUSS VOM OLLEN HANSEN!
ALLES LIEBE, DEIN RAPUNZEL!
„BIS MORGEN!", SAGTE DER KATER
NA, WIE GEHT'S?
IRGEND WAS PIEKT MICH . . . (vergr.)
MACH 'NE FLIEGE, ARTHUR!

Außerdem erschienen von Peter-T. Schulz
bei Rasch + Röhring

ARTHUR – Bilder-Lesebuch
Hardcover
ANNA UND BEN – Kinderlieder
Paperback
ANNA UND BEN ZAUBERN – Bildergeschichte
Paperback

Reproduktion: Litho Köcher, Köln
Druck: Rasch, Bramsche
Buchbinderische Verarbeitung: Bramscher Buchbinder Betriebe

Printed in Germany   ISBN 3-7701-2471-5

Von der Erkenntnis, daß Reime lügen:

Wo ich herkomm,
war ich?

Nein.

Wo ich hin will,
bin ich?

Nein. [illegible]

Daß ich gehe, läßt mich?

Sein.

Wenn ich ankomm,
trink ich ...

Whisky!

23. 2. 89

„Glaubst du eigentlich an alles, was dadrin steht?"

„An alles nicht ..."

~~Du~~ Ich tu nicht,
was ich will,
~~Du soll~~
ich mach nicht,
was ich kann.
Ich leiste mir
noch Widerstand

Und freu mich
dann und wann.